BEI GRIN MACHT SICH IHR WISSEN BEZAHLT

- Wir veröffentlichen Ihre Hausarbeit,
  Bachelor- und Masterarbeit

- Ihr eigenes eBook und Buch -
  weltweit in allen wichtigen Shops

- Verdienen Sie an jedem Verkauf

Jetzt bei www.GRIN.com hochladen und kostenlos publizieren

GRIN ☺

Grundlagen der Persönlichkeitspsychologie. Persönlichkeitseigenschaften, persönlichkeitspsychologischer Ansatz nach Eysenck und Sensation Seeking

Bibliografische Information der Deutschen Nationalbibliothek:

Die Deutsche Nationalbibliothek verzeichnet diese Publikation in der Deutschen Nationalbibliografie; detaillierte bibliografische Daten sind im Internet über http://dnb.d-nb.de abrufbar.

ISBN: 9783346361523
Dieses Buch ist auch als E-Book erhältlich.

© GRIN Publishing GmbH
Nymphenburger Straße 86
80636 München

Druck und Bindung: Books on Demand GmbH, Norderstedt Germany
Gedruckt auf säurefreiem Papier aus verantwortungsvollen Quellen

Das vorliegende Werk wurde sorgfältig erarbeitet. Dennoch übernehmen Autoren und Verlag für die Richtigkeit von Angaben, Hinweisen, Links und Ratschlägen sowie eventuelle Druckfehler keine Haftung.

Das Buch bei GRIN: https://www.grin.com/document/992328

Persönlichkeitseigenschaften,
Persönlichkeitspsychologischer   Ansatz
nach Eysenck und Sensation Seeking

Inhaltsverzeichnis

Abkürzungsverzeichnis

Abkürzung	Bedeutung
z.B.	zum Beispiel
bzw.	beziehungsweise
ggfls.	gegebenenfalls
SSS	Sensation Seeking Scale
bspw.	Beispielsweise
Abs.	Absatz
ARAS	aufsteigendes retikuläres Aktivierungssystem
PF	Persönlichkeitsfaktoren
AC	Assessment Center
FH	Fachhochschule
Abb.	Abbildung

1. Aufgabe A1- Definition & Gliederung von Persönlichkeitseigenschaften

Zunächst wird im Unterkapitel 1.1 der Begriff „Persönlichkeitseigenschaft" genauer untersucht und erklärt. Danach folgt die Gliederung der Persönlichkeitseigenschaften, also die Unterscheidung und Erklärung von sogenannten „Traits" und „States". Anschließend wird anhand zweier Alltagsbeispiele die Notwendigkeit dieser Unterscheidung verdeutlicht. Das letzte Unterkapitel dieser Aufgabe hat das Ziel, die Bedeutung der Unterscheidung vor dem Hintergrund des Einsatzes von Assessment Center Verfahren aus personalpsychologischer Sicht nochmals zu verdeutlichen.

Erklärung Persönlichkeitseigenschaften

Grundsätzlich lassen sich Persönlichkeitseigenschaften als Dimensionen definieren, anhand derer das jeweilige Individuum je nach Varianz, also Ausprägung des bestimmten Merkmals, kategorisiert werden können. Hierbei ist maßgebend, dass Menschen nie eine 100- prozentige Ausprägung eines jeweiligen Merkmals haben. Demzufolge sind Persönlichkeitseigenschaften auf einem Kontinuum angeordnet. Das unterscheidet sie maßgeblich von den Modellen der Persönlichkeitstypologien, bei denen ein „Alles- oder nichts" Phänomen herrscht, bei dem man entweder zu dem jeweiligen Typ gehört oder nicht. Zudem ist relevant, dass Eigenschaftstheorien auf zwei Grundannahmen beruhen. Zum einen sind Persönlichkeitseigenschaften relativ zeitstabil und zum anderen relativ situationsstabil. Das heißt, auch wenn es in manchen Situationen Abweichungen gibt, geht man trotzdem von einer gewissen Konsistenz aus. Kurz gefasst sind Persönlichkeitseigenschaften also Dispositionen eines Individuums, in einer bestimmten Weise auf bestimmte Reize zu reagieren.[1] Es ist an dieser Stelle zudem erwähnenswert, dass es eine Vielzahl an Eigenschaftstheorien gibt, wie z.B. die Eigenschaftstheorien von Allport, Cattell, Costa und McCrae oder auch von Ashton und Lee. Alle Theorien gehen davon aus, dass sich das gezeigte Verhalten durch die dahinter liegende Persönlichkeitseigenschaft erklären lässt.[2]

---

[1] Vgl. Rammsayer, Weber (2010), S.200
[2] Vgl. Costa, McCrae (1992), S.223ff.

Unterscheidung Traits & States

Im Laufe der Zeit haben sich zwei unterschiedliche und kontroverse Auffassungen in der Persönlichkeitspsychologie breitgemacht. Man spricht hierbei auch von der Trait-State- Debatte. Die Auffassungen unterscheiden sich in der Erklärung von beobachtbarem Verhalten. Diese Debatte macht sich vor allem in der Angst- und Stressforschung bemerkbar.

1.2.1 Traits

Traits entsprechen am ehesten der Vorstellung von Persönlichkeitseigenschaften. Demnach ist das beobachtbare Verhalten Folge personalinterner Eigenschaften oder Dispositionen. Man spricht hierbei also von stabilen und zeitunabhängigen Eigenschaften. Merkmale von Traits sind zum einen die sogenannte temporäre Konsistenz und zum anderen die transsituative Konsistenz. Unter der temporären Konsistenz versteht man ein stabiles Verhalten in weitgehend identischen Situationen. Unter der transsituativen Konsistenz versteht man ein gleiches Verhalten in verschiedenen Situationen.[3] Da man bei Verhaltensbeobachtungen etwas aus Sichtbaren erschließt, spricht man hierbei auch von Konstrukten.[4]

1.2.2 States

States hingegen lassen sich als momentane Zustände der Gestimmtheit beschreiben. Hierbei handelt es sich um ein subjektives, bewusst erlebtes Muster von bestimmten Gefühlen, welches von einer Erregung von kognitiven Prozessen oder des autonomen Nervensystems einhergeht. Es liegt also ein vorübergehendes Phänomen vor.[5] Demnach ist Verhalten also auf die Situation und nicht auf stabile Eigenschaften zurückzuführen. Ein Experiment, dass für diese Annahme spricht ist das sogenannte Stanford Prison Experiment. Die Probanden übernahmen entweder die Rolle des Wärters oder des Insassen. Probanden, die die Rolle der Wärter übernahmen, zeigten autoritäres Verhalten und bisweilen die Neigung zur Schikanierung, obwohl das nicht deren eigentlichen Persönlichkeitseigenschaften entspricht. Man musste das Experiment nach einigen Tagen abbrechen.[6]

---

[3] Vgl. Laux (2008), S.200ff.
[4] Vgl. Rammsayer, Weber (2010), S.200
[5] Vgl. Becker (2000), S.20
[6] Vgl. Laux (2008), S.19f.

Alltagsbeispiele

Wie bereits erwähnt macht sich die Trait- State Debatte vor allem in der Angst- und Stressforschung breit. Die emotionsbezogenen Persönlichkeitsmerkmale Angst und Ärger werden in den folgenden Unterkapiteln herangezogen, um die Trait- State Unterschiede mithilfe von entsprechenden Alltagsbeispielen zu verdeutlichen.

1.2.3 Angst

Grundsätzlich lässt sich vorab feststellen, dass man unter Angst ein Merkmal versteht, welches den Organismus in einen affektiven Zustand versetzt, der durch motorisch-expressives Verhalten, subjektives Angsterleben sowie physiologische Reaktionen, wie z.B. erhöhte Herzschlagrate, erhöhter Blutdruck und der Ausschüttung von Stresshormonen, gekennzeichnet ist.[7] Unter der Zustandsangst, also Angst als State, ist ein bewusst wahrnehmbarer Zustand, der mit Anspannung, innerer Unruhe und Besorgtheit einhergeht, zu verstehen. Unter der Eigenschaftsangst, also Angst als Trait, ist hingegen eine stabile Neigung, Situationen als bedrohlich zu bewerten, zu verstehen. Diese Bewertung führt zur Zustandsangst.[8] Um dies zu verdeutlichen folgen nun eigens erstellte Alltagsbeispiele, die zuerst Angst als State und zuletzt Angst als Trait darstellen.

Ein Mann mittleren Alters namens Peter macht in Australien Urlaub. Gemütlich wandert er durch die Landschaft als plötzlich eine Schlange aus dem Gebüsch kommt und sich um sein Bein kringelt. Peter kennt sich nicht gut mit Schlangen aus und kann auch diese nicht identifizieren. Allerdings hat er schon öfter gelesen, dass es in Australien sehr viele giftige Schlangen gibt. Er bekommt panische Angst, wird unruhig und weiß sich nicht zu helfen. Sein Herz pocht wie verrückt, sein Blutdruck steigt und es wird Adrenalin freigesetzt. Diese Verfassung nennt sich nun Zustandsangst und ist speziell auf dieses Beispiel bezogen eine natürliche menschliche Reaktion auf diese Situation. Man spricht hierbei auch von Realangst.[9]

Eine Frau namens Jutta hat soziales Unbehagen und ihr fällt es meist schwer, sich in diversen sozialen Situationen wohlzufühlen. In ihrem Fall geht dieses Unbehagen mit einem niedrigen Selbstvertrauen und einer Unsicherheit gegenüber anderen Personen einher. Sie suchte sich ein Job raus, bei dem sie wenig bis gar nicht mit anderen

---

[7] Vgl. Salewski, Renner (2009), S.134
[8] Vgl. Laux (2008), S.220
[9] Vgl. Rammsayer, Weber (2010), S.33

Menschen in Kontakt treten muss. Nun erteilt ihr Chef Jutta den Auftrag, eine kurze Präsentation über ihren Arbeitsbereich vor der ganzen Firma zu halten anlässlich des Firmenjubiläums. Jutta graut es bereits vor dem Gedanken. In der Schule machte sie nur negative Erfahrungen damit und weigerte sich oftmals. Ihr schwirren unglaublich viele Fragen im Kopf herum, wie z.B.: Was, wenn ich versage? Was, wenn ich keinen Ton rausbekomme? Was, wenn ich von den Kollegen und Kolleginnen verhöhnt und ausgelacht werde? Als es soweit ist geht Jutta mit einem unglaublichen Unbehagen hoch auf die Bühne und tut ihrem Chef nur diesen Gefallen, weil sie die Befürchtung hat, ansonsten gekündigt zu werden. Als sie oben steht pocht ihr Herz und der Blutdruck steigt. Sie ist unglaublich nervös und unruhig. Kurz gesagt, Jutta befindet sich nun in einer Situation, die zu ihrer Angstdisposition passt und somit eine Zustandsangst hervorruft. Man spricht hierbei auch von neurotischer Angst.[10]

1.2.4 Ärger

Ärger lässt sich zunächst als negative emotionale Reaktion festlegen, die bei aversiven Erlebnissen auftritt. Ärger als State ist dadurch gekennzeichnet, dass in einer Situation ein Handlungsziel als blockiert wahrgenommen bzw. bewertet wird, da sich das Ereignis gegen eigene Bedürfnisse, Interessen oder Motive richtet. Für diese Blockade wird eine andere Person oder Geschehen verantwortlich gemacht und anschließend folgt eine Schuldzuschreibung hinsichtlich des Verursachers.[11] Der Ärgerzustand wird über die Intensität des erlebten Ärgers erfasst.[12] Bei Ärger als Trait hingegen ist die Tendenz einer Person, eine große Palette von Situationen als störend oder frustrierend wahrzunehmen, gemeint. Ärger als Trait ist demnach die Neigung bzw. Disposition häufig in solche Ärgerzustände zu geraten. Diese Ärgerdisposition ist also nicht mit der Intensität, sondern mit der Häufigkeit von erlebten Ärgerzuständen verbunden.[13] Es ist an dieser Stelle außerdem erwähnenswert, dass auch Ärger kurzfristige physiologische Reaktionen wie erhöhter Pulsfrequenz, Ausschüttung von Hormonen oder Blutdruckveränderungen hervorruft.[14] Um dies zu konkretisieren folgen auch hier zwei selbst erstellte Alltagsbeispiele, die im Falles des ersten Beispiels Ärger als State und im zweiten Falle Ärger als Trait verdeutlichen.

---

[10] Vgl. Rammsayer, Weber (2010), S.33
[11] Vgl. Salewski, Renner (2009), S.138
[12] Vgl. Schwenkmezger et. all (1992), S.300
[13] Vgl. Schwenkmezger et. all (1992), S.300
[14] Vgl. Schwenkmezger et. all (1992), S.300

Carsten und seine Frau Monika gehen in einen Supermarkt einkaufen. Carsten erinnerte Monika zwei mal an ihren Geldbeutel bevor sie losgefahren sind. Während der Fahrt fragte Carsten nochmal sicherheitshalber nach. Monika antwortete fast schon genervt, dass sie ihn bei sich habe. Als sie dann im Supermarkt an der Kasse stehen und ihren Einkauf bezahlen wollen merkt Monika, dass sie ihren Geldbeutel doch vergessen hat. Eine sehr unangenehme Situation für beide. Carsten ist verärgert. Obwohl er eigentlich ein relativ ruhiger und umgänglicher Mensch ist kocht er nun vor Wut und ist stinksauer auf seine Frau. Sein Puls steigt. Noch während sie aus dem Supermarkt laufen macht Carsten seine Frau, durchaus gerechtfertigt, für dieses Fiasko verantwortlich und gibt ihr die Schuld.

Tim ist auf dem Weg zur Arbeit. Beim Autofahren ist er verärgert über dem Fahrer vor ihm, der etwas unter der Geschwindigkeitsbegrenzung fährt. Es besteht keine Möglichkeit zu überholen. Toller Start in den Tag denkt sich Tim. Bei der Arbeit angekommen gibt ein Arbeitskollege Tim den Auftrag, ein Kunden anzurufen, der bereits auf den Anruf der Firma wartet. Tim nimmt die aufgeschriebene Nummer mürrisch entgegen, regt sich allerdings insgeheim darüber auf, dass sein Kollege den Kunden nicht selbst anruft, in dem Unwissen, dass sein Kollege ein wichtiges Meeting hat. In der Mittagspause geht Tim in die Kantine. Auf dem Speiseplan hat sich Tim für Schnitzel mit Pommes und Salat eingetragen. Da er heute etwas spät dran ist, sind die Pommes bereits leer, als er an der Essensausgabe steht. Tim ist darüber sehr verärgert, denn er hatte sich ja schon so auf die Pommes als Beilage eingestellt und auch gefreut. Verärgert und genervt nimmt er nun die Kartoffeln als Beilage. Was bleibt ihm auch anderes übrig. Mit seinen Arbeitskollegen unterhält sich Tim über ihren Chef. Tim lässt Frust ab, da er mit seinem Chef nicht sehr zufrieden ist. Nach der Pause bekommt Tim einen Anruf von einem unzufriedenen Kunden, der sich über etwas beschwert. Tim kocht innerlich, ist total verärgert und nimmt das Anliegen ein Stück weit persönlich, obwohl es ein Firmenanliegen ist. In diesem Fall jedoch beherrscht sich Tim, da er weiß, dass es ansonsten womöglich eine Beschwerde über ihn gibt. Da dies in der Vergangenheit bereits häufig der Fall war und er von seinem Chef deswegen ermahnt wurde, muss sich Tim also zusammenreißen. Der restliche Arbeitstag verläuft relativ normal und friedlich. Als Tim schließlich daheim ankommt, möchte er erstmal ein Glas Wein trinken. Als er in den Keller geht merkt er, dass kein Wein mehr da ist. Er ist darüber sehr verärgert und gibt seiner Frau in einem unschönen Unterton den Auftrag, schnellstens neuen Wein zu kaufen. Abends beim

Fernsehschauen regt sich Tim tierisch darüber auf, dass seine Lieblingssendung versetzt wurde und nun zu einer späteren Uhrzeit läuft.

███ Bedeutung der Unterscheidung beim Assessment Center Verfahren

Das Assessment Center ist ein Verfahren zur Beurteilung und Einschätzung von Personen. Es wird vor allem im Bereich der Personalauswahl- und entwicklung aber auch zur Potenzialanalyse genutzt. Hierbei kann man von verschiedenen Arbeitssimulationen, Leistungstests und Persönlichkeitstests Gebrauch machen.[15] Eine mögliche Struktur eines AC's könnte demnach z.B. eine Kombination aus Arbeitssimulationen in verschiedenen Situationen, einem Interview, „arbeitsnahen" Rollenspielen und einem psychometrischen Fragbogen sein. Die jeweiligen Methoden werden von neutralen und geschulten Beobachtern begleitet.[16] Das AC ist mittlerweile so bekannt und anerkannt, dass es fast alle Dax- 30 Unternehmen einsetzen.[17] Die sogenannte Methodenvielfalt des AC ist wichtig, da so ein genaueres Bild von jeweiligen Personen und deren Eigenschaften entsteht, als wenn man z.B. lediglich ein Bewerbungsgespräch durchführt. Trotz dieser Vielfältigkeit und Komplexität des AC liegen eher States als Traits vor.[18] Dies liegt vor allem daran, dass die Ergebnisse durchaus kontextabhängig, tagesformabhängig und auch zeitabhängig sein können. Oftmals findet ein AC an einem einzigen Tag statt. Sofern prädestinierte Bewerber nun einen schlechten Tag erwischen durch z.B. einen schlechten Schlaf und von ihren eigentlichen Stärken nicht Gebrauch machen können, resultieren daraus Trugschlüsse bezüglich den Eigenschaften und der damit einhergehenden Eignung. Zudem ist das Ergebnis davon beeinflusst, ob die jeweiligen Bewerber bereits Erfahrungen mit AC gesammelt haben und ob sie sich entsprechend vorbereitet haben. Zusammengefasst lässt sich demnach feststellen, dass man anhand von AC- Verfahren Momentanzustände mittels verschiedenen Methoden erfasst. Um Traits herauszufiltern benötigt es jedoch eine genaue Beobachtung der anfangs ermittelten States über mehrere Tage hinweg in verschiedenen Situationen zu unterschiedlichen Zeiten. Somit würde sich bestätigen lassen, ob die anfangs beobachteten Eigenschaften des jeweiligen Bewerbers konsistente Eigenschaften sind oder ob sich

---

[15] Vgl. Dorsch (2019), „Assessment- Center"
[16] Vgl. Jäger (2014), S.11f.
[17] Vgl. Obermann (2018), S.5
[18] Vgl. Schuler (2007), S.21ff.

andere Eigenschaften, die evtl. sogar gegensätzlich sind, im Verlauf erkennen lassen. Dies wäre allerdings sehr kostspielig und nicht für alle, vor allem für kleinere Unternehmen, erschwingbar.[19]

2. Aufgabe A2- Persönlichkeitspsychologischer Ansatz nach Eysenck

Zunächst wird im Unterkapitel 2.1 das Modell von Eysenck genauer beschrieben und erklärt bevor in 2.2 die Bedeutung des Modells für die Gegenwart erläutert wird. Zuletzt wird im Unterkapitel 2.3 eine verbreitete Persönlichkeitstypologie in der praktischen Personalarbeit beschrieben und deren Anwendbarkeit in der Aus- und Weiterbildung diskutiert.

████Beschreibung & Erklärung Modell Eysenck

Hans Jürgen Eysenck reduziert in seinem Modell die Komplexität der Persönlichkeit auf lediglich drei Hauptkategorien. Diese Hauptkategorien leitete er von anderen Modellen und Tests, vor allem aus dem 16 PF- Test, ab. Diese Hauptkategorien oder auch allgemeine Typen bzw. Superfaktoren leiten sich aus Traits ab, die sich wiederrum aus Gewohnheiten herleiten lassen während diese wiederrum aus spezifischen Verhaltensweisen entstehen.[20] Die drei Hauptkategorien in seinem Modell sind Psychotizismus, Extraversion und Neurotizismus. Man bezeichnet deswegen Eysencks Modell auch als PEN- Modell, da dies die Zusammensetzung der jeweiligen Anfangsbuchstaben der Hauptkategorien darstellt.[21] Zur Messung dieser Persönlichkeitsdimensionen entwarf Eysenck den sogenannten Eysenck Personality Questionnaire (EPQ).[22] Hans Jürgen Eysenck stellte außerdem zu seinem Modell bzw. zu den einzelnen Hauptdimensionen biologische Bezüge her. Im Folgenden wird nun auf die einzelnen Dimensionen und die jeweiligen biologischen Zusammenhänge eingegangen.

---

[19] Vgl. Obermann (2018), S.353f.
[20] Vgl. Becker (2014), S.25
[21] Vgl. Eysenck (1975), S.169
[22] Vgl. Eysenck (1975), S.121

Psychotizismus

Der Begriff Psychotizismus steht für das Kontinuum zwischen gesund und psychotisch als auch für den Pol der psychotisch gestörten Verhaltensweisen. Dieser Pol ist jedoch auch eine Darstellung der Persönlichkeitsstörungen. Der gegenüberliegende Pol ist die Impulskontrolle bzw. der Realismus. Da diese Pole auf einem Kontinuum angeordnet sind geht Eysenck davon aus, dass psychische Gesundheit und psychische bzw. psychotische Erkrankung keine qualitativ unterschiedlichen Zustände sind.[23] Aspekte von Psychotizismus sind z.b. Traits wie Egozentrik, Gefühlskälte, Nonkonformität, Aggressivität und Impulsivität.[24] Menschen mit hohen Psychotizismus Werten ohne psychiatrische Diagnose sind demnach bspw. gekennzeichnet durch antisoziales, aggressives und/oder wenig kontrolliertes Verhalten.[25] Zu dieser Dimension liegen keine Informationen zu biologischen Zusammenhängen vor.

Extraversion

Dem Pol der Extraversion steht das Pol der Introversion gegenüber. Unter Extraversion versteht man eine gewisse Geselligkeit und auch einen gewissen Grad an Impulsivität. Extravertierte Personen stehen Veränderungen und aufregenden Tätigkeiten offen gegenüber. Die Aufmerksamkeit und Konzentration von extravertierten Menschen gilt der externen Realität. Unter Introvertiertheit hingegen versteht man ein Richten der Aufmerksamkeit nach innen. Introvertierte Menschen sind demnach eher still und selbstbeobachtend. Im Gegensatz zu extravertierten Menschen setzen Introvertierte weniger auf Veränderungen, sondern viel mehr auf ein wohlgeordnetes Leben.[26] Aus biologischer Sicht basiert der Unterschied zwischen extravertierten und introvertierten Menschen auf der unterschiedlichen Reaktion des aufsteigenden retikulären Aktivierungssystems (ARAS) hinsichtlich physiologischer Erregung.[27] Während bei Introvertierten das ARAS bei Erregung zu einer gewissen Sensibilität führt und weitere Stimulationen vermieden werden, führt das ARAS bei einer Erregung von Extravertierten zur Suche nach mehr Erregung. Hier ruft das ARAS nur ein geringes Maß an Erregung hervor.[28] Diese unterschiedliche Reaktion führt auch zu unterschiedlichen Verhaltensweisen, wie eine Studie zeigen konnte. Hierbei

---

[23] Vgl. Becker (2014), S.25f.
[24] Vgl. Güttler (2003), S.18
[25] Vgl. Amelang, Bartussek (2006), S.268
[26] Vgl. Maltby et. all (2011), S.312
[27] Vgl. Maltby et. all (2011), S.364
[28] Vgl. Becker (2014), S.60f.

wurden Personengruppen gebeten, eine angenehme Musiklautstärke zu wählen, während sie eine anspruchsvolle aber zugleich auch langweilige Aufgabe durchführen sollten. Introvertierte stellten hierbei im Schnitt die Musik leiser als Extravertierte. Die Ergebnisse waren trotz unterschiedlicher Lautstärke identisch.[29]

Neurotizismus

Grundsätzlich versteht Eysenck unter dieser Dimension die Ausprägung der psychischen Instabilität. Menschen mit hohen Werten auf dieser Dimension sind dadurch charakterisiert, dass sie ein Ausmaß an Angst in Situationen aufweisen, welches nicht angemessen ist. Demzufolge kann sich neurotisches Verhalten in übermäßiger Angst von Objekten oder Situationen oder auch in Zwangshandlungen manifestieren.[30] Neurotische Menschen sind oftmals von Sorgen, Ängsten, Zwängen und anderen unangenehmen Gefühlen belastet. Menschen mit hohen Werten dieser Dimension sind zur Entwicklung neurotischer Störungen, wie z.B. Angst- oder Zwangsstörungen, unter Stress disponiert. Die Disposition zum Neurotizismus darf allerdings nicht mit einer akuten neurotischen Störung verwechselt werden.[31] Aus biologischer Sicht sieht Eysenck einen Zusammenhang mit der Wirkung emotionaler Stimulation auf den reticulo- limbischen Schaltkreis. Personen mit hohen Werten dieser Dimension werden durch die emotionale Stimulation stärker erregt als Menschen mit niedrigen Werten. Demnach führt die gleiche emotionale Stimulation bzw. das gleiche Stresserleben zu unterschiedlichen Reaktionen aufgrund unterschiedlicher Vulnerabilität.[32]

Bedeutung für die Gegenwart

Eysencks Modell hat für die Gegenwart nur noch eine geringe aktive Bedeutung. Dies mag auch daran liegen, dass nach der Zeit von Eysenck eine Vielzahl von anderen Persönlichkeitsmodellen veröffentlicht wurden. Das folgende Schaubild wurde im Rahmen einer Studie der FH Mannheim herausgearbeitet und stellt die Bekanntheit von Persönlichkeitsmodellen bei den größten deutschen Unternehmen dar. Es wurde speziell der Bereich der Wirtschaft herangezogen, da vor allem hier Persönlichkeitsmodelle häufig zum Einsatz kommen.

---

[29] Vgl. Geen (1984), S.1303f.
[30] Vgl. Maltby et. all (2011), S.312
[31] Vgl. Eysenck (1990), S.62
[32] Vgl. Maltby et. all (2011), S.366

Verwendete Abkürzungen

MBTI	MBTI®, Myers-Briggs-Typenindikator
DISG	DISG-Persönlichkeits-Profil®
INSIGHTS	INSIGHTS MDI® (Management-Development-Instruments)
Belbin	Belbin Teamrollen-Modell
HDI	H.D.I.®, Herrmann-Dominanz-Instrument
TMS	Team Management Systems (TM) nach Margerison-McCann
LIFO	LIFO®-Methode
SDI	Strength Deployment Inventory (SDI)®
BE	Business Enneagramm
TeamPuls	TeamPuls®
OPQ	Occupational Personality Questionnaire
NEO-FFI	NEO-Fünf-Faktoren-Inventar (Neo Five-Factor Inventory)
16 PF	16-Persönlichkeits-Faktoren-Test

Abb1.: Bekanntheit von Persönlichkeitsmodellen bei Unternehmen (Quelle: https://a-m-t.de/fileadmin/a-m-t/pdf/mbt_fh_studie_mannheim.pdf)

Auf dem Schaubild ist erkennbar, dass das PEN- Modell von Eysenck nicht aufgelistet ist. Demnach ist dieses Modell den deutschen Großunternehmen nicht bekannt. Es ist allerdings zu erwähnen, dass manche aufgelisteten Modelle wie z.B. das OPQ- Modell unter anderem Eysencks Theorien als Grundlage nutzten.[33] Unabhängig davon ist hinsichtlich des Unterkapitels „Bedeutung für die Gegenwart" anzumerken, dass dank Eysencks Modell und den biologischen Zusammenhängen die Forschung vorangetrieben wurde. Heute spielen die genetischen und biologischen Faktoren in der Forschung und dem allgemeinen Bewusstsein eine wesentlich größere Rolle als damals.[34] Es lässt sich also feststellen, dass Eysencks Modell eher eine indirekte Bedeutung für die Gegenwart hat.

Verbreitete Persönlichkeitstypologie in der Personalauswahl

Die im Unterkapitel 2.2 bereits erwähnte Studie von der FH Mannheim untersuchte nicht nur die Bekanntheit von verschiedenen Modellen sondern auch die Häufigkeit bezüglich des praktischen Einsatzes von jeweiligen Modellen. Abbildung 2 veranschaulicht, welche Modelle am häufigsten bei deutschen Großunternehmen eingesetzt werden.

---

[33] Vgl. Dormann, Krumm (2009), S.125
[34] Vgl. Lück (2016), S.334ff.

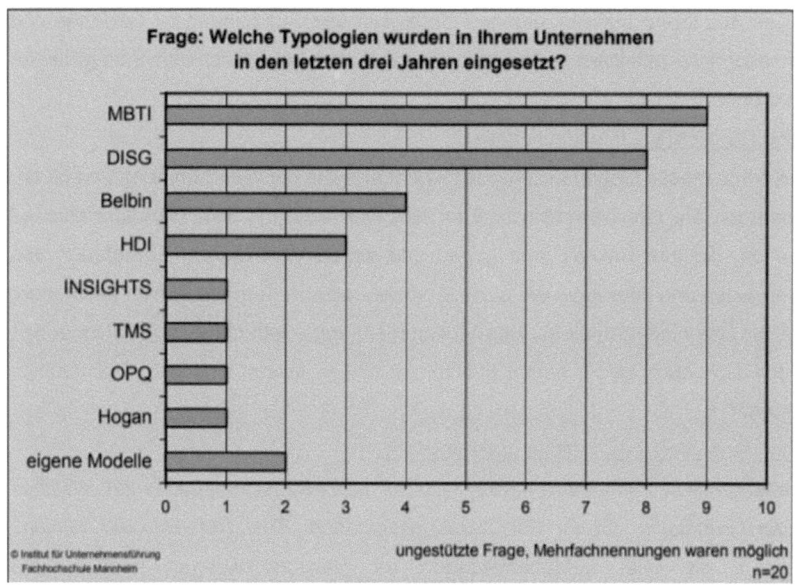

Abb2.: Häufigkeit des Einsatzes verschiedener Persönlichkeitsmodelle
(Quelle: https://a-m-t.de/fileadmin/a-m-t/pdf/mbt_fh_studie_mannheim.pdf)

Der Studie zufolge nutzen 9 von 20 Unternehmen das MBTI Modell, wobei Mehrfachbenennungen möglich waren. Demzufolge nutzen fast die Hälfte aller deutschen Großunternehmen das MBTI- Modell, weswegen dies nun näher erläutert wird. MBTI ist eine Abkürzung für „Myers- Briggs Type Indicator". Dies lässt sich auf die Erfinderinnen Katharine Cook Briggs und Isabel Briggs Myers (Mutter & Tochter) zurückführen. Der Test ist in 27 Sprachen erhältlich und wird allein in den USA rund 3,5 Millionen mal pro Jahr durchgeführt. Das Modell basiert außerdem auf den Theorien der Persönlichkeitstypologie von Carl Gustav Jung. Der Fragebogen besteht aus 90 Items. [35] Das MBTI nutzt vier Dimensionen bzw. unterscheidet vier Gegensatzpaare, die folglich aufgelistet und erläutert werden.

Extraversion vs. Introversion

Die Leitfrage dieser ersten Dimension bezieht sich auf die Energiequelle und lautet: *Woher beziehen Sie Ihre psychische Energie?* Menschen, die ihre Energie eher von Außen, d.h. z.B. durch Interkation mit der Umwelt und Kontakt zu anderen Menschen beziehen, lassen sich dem extravertierten Pol zuordnen. Menschen, die ihre Energie

---

[35] Vgl. Simon (2007), S.92

hingegen aus Ihrem Inneren, eigenen Gedanken und Empfindungen beziehen und zudem auch eher reflektierend und zurückhaltend sind, lassen sich dem introvertierten Pol zuordnen.[36]

Sensing (sinnlich) vs. Intuition (intuitiv)

Die Leitfrage dieses Gegensatzpaares bezieht sich auf die Wahrnehmung und lautet: *Wie nehmen Sie Ihre Umwelt war: Eher detailliert oder mit dem Blick fürs Ganze?* Menschen, die ihre Umwelt sehr genau und mittels aller Sinne wahrnehmen und zudem Fakten und Informationen bevorzugen lassen sich dem Pol Sensing zuordnen. Menschen, die hingegen die großem Zusammenhänge betrachten, zukunftsorientiert sind und sich auch gerne neuen Problemen stellen lassen sich dem Pol Intuition zuordnen.[37]

Thinking (analytisch) vs. Feeling (gefühlmäßig)

Die Leitfrage dieser Dimension bezieht sich auf die Entscheidung und lautet: *Welches sind die Grundlagen für Ihr Entscheidungsverhalten: Eher Denken oder Fühlen?* Menschen, die eher aufgabenbezogen als menschenbezogen handeln und entscheiden, sachlich und kritisch sind und auch ihre Emotionen eher zurückhalten lassen sich dem Pol Thinking zuordnen. Menschen, die hingegen eher menschbezogen entscheiden, harmonisch sind und persönlichen Werten folgen lassen sich dem Pol Feeling zuordnen.[38]

Judging (beurteilend) vs. Perceiving (wahrnehmend)

Die Leitfrage dieser vierten Dimension bezieht sich auf das Vorgehen und lautet: *Wie gestalten Sie Ihr Leben: Eher geordnet und strukturiert oder flexibel und spontan?* Menschen, die sich mit Ersterem identifizieren sind dem Pol Judging zugeordnet während Menschen, die sich mit Letzterem identifizieren dem Pol Perceiving zugeordnet sind.[39]

---

[36] Vgl. Lorenz, Oppitz (2004), S.14ff.
[37] Vgl. Simon (2007), S.93ff.
[38] Vgl. Simon (2007), S.93ff.
[39] Vgl. Simon (2007), S.93ff.

2.3.1 Anwendbarkeit in der Aus- und Weiterbildung in der praktischen Personalarbeit

Da das MBTI die Persönlichkeit als dynamisch und entwicklungsfähig betrachtet, eignet sich das Modell vor allem für den Entwicklungsbereich in der Personalarbeit. Menschen können sich demnach mithilfe des MBTI zunächst selbst reflektieren, sich ihrer Persönlichkeit bewusst werden und sich entsprechend positionieren. Anschließend kann der Entwicklungsbereich definiert werden.[40] Der verwendete Diagnostiktyp der Personalentwicklung ist die Potenzialdiagnostik, während bei der Personalauswahl die Statusdiagnostik genutzt wird. Das MBTI ist vor allem bei der Aus- und Weiterbildung von Führungskräften sehr geeignet. Hier können Persönlichkeitseigenschaften, die für den Arbeitskontext eine Stärke darstellen, ausgebaut und Eigenschaften, die für den Arbeitsalltag eher eine Schwäche darstellen modelliert werden.[41] Trotz der Dynamik des Modells ist anzumerken, dass es sich bei Persönlichkeitstypologien um sogenannte „Alles- oder Nichts Phänomene" handelt.[42] Demnach folgt nach Ausfüllen des Fragebogens eine klare Zuordnung, mit der dann gearbeitet wird. Hierbei besteht jedoch die Gefahr, dass ein Mensch, der sich weniger gut reflektieren kann oder ggfls. sogar Identitätsprobleme hat, aufgrund von nicht konsistenten Informationen über sich selbst dem falschen Typ zugeordnet wird und die falschen Entwicklungsmaßnahmen herausgearbeitet werden.

Zusammenfassend lässt sich hinsichtlich der Anwendbarkeit des MBTI- Modells in der Aus- und Weiterbildung der praktischen Personalarbeit feststellen, dass dies ein geeignetes Instrument für die Personalentwicklung sein kann. Viele Unternehmen arbeiten weltweit mit diesem Modell. Allerdings sollten die Erwartungen seitens der Arbeitgeber nicht ins unermessliche fallen, da auch hier Fehler entstehen können, aus denen ggfls. falsche Maßnahmen resultieren.

---

[40] Vgl. Simon (2007), S.100
[41] Vgl. Simon (2007), S.311
[42] Vgl. Gerring, Zimbardo (2008), S.505

3. Aufgabe A3- Sensation Seeking

Der Begriff „Sensation Seeking" wird zunächst im Unterkapitel 3.1 ausführlich erklärt. Danach wird die sogenannte Sensation Seeking Scale (SSS) mit ihren Dimension und dazugehörigen Beispielen im Unterkapitel 3.2 dargelegt bevor der praktische Nutzen des Konzepts in 3.3 beschrieben wird.

▮▮▮Erklärung Sensation Seeking

Marvin Zuckerman, der das Konzept des Sensation Seeking veröffentlichte, definiert Sensation Seeking als Verhaltensdisposition, die gekennzeichnet ist durch ein Bedürfnis nach abwechslungsreichen, neuen, komplexen Erfahrungen und Eindrücken sowie der damit einhergehenden Bereitschaft, Risiken bezüglich sozialer und physischer Kontexte in Kauf zu nehmen.[43] Demnach ist Sensation Seeking ein mehrdimensionales, relativ stabiles Persönlichkeitsmerkmal.[44] Hierbei spielen laut Zuckerman die biologischen Prädispositionen insofern eine Rolle, dass durch sie bestimmte Verhaltensmuster erst erlernt werden können. Menschliches Verhalten ist hierbei bis zu 60% genetisch determiniert.[45] Ein sogenannter „Sensation Seeker" ist also eine Person, die aufgrund eines niedrigen Erregungsniveaus auf eine hohe Stimulation von der Außenwelt angewiesen ist, um sich wohlzufühlen. Demnach gibt es interindividuelle Unterschiede im Bedürfnis nach Stimulation.[46] Menschen mit einem hohen Erregungsniveau hingegen, sind auf keine Stimulation von außen angewiesen, um sich wohl zu fühlen.[47]

▮▮▮Sensation Seeking Scale

Die Sensation Seeking Scale (SSS) dient zur Erfassung des Persönlichkeitsmerkmals Sensation Seeking. Die SSS ist also ein dazugehöriges Erhebungsinstrument. Die aktuellste Version besteht aus 40 Items. Diese Items lassen sich in folgende vier Dimensionen aufteilen.[48] Unter Thrill- and Adventure- Seeking ist die Suche nach ungewöhnlichen Reizen durch physische Aktivitäten und Abenteuer gemeint.[49] Personen, bei der Thrill- and Adventure Seeking sehr stark ausgebreitet ist, sind bspw.

---

[43] Vgl. Burst (2003), S.159
[44] Vgl. Amelang, Bartussek (2006), S.331ff.
[45] Vgl. Burst (2003), S.159
[46] Vgl. Gleich et. all (1998), S.682f.
[47] Vgl. Amelang, Bartussek (2006), S.215
[48] Vgl. Roth, Hammelstein (2003), S. 12ff.
[49] Vgl. Zuckerman (1971), S.45ff.

Extremsportler, die z.B. Cliff- Diving (Klippenspringen), Free Solo Klettern (Klettern ohne Sicherung) oder auch Bungee Jumping ausüben. Viele bezeichnen vor allem Personen dieser Dimension als Adrenalin- Junkies. Unter Experience- Seeking ist die Suche nach sensorischer Erfahrung und kognitiver Stimulation gemeint.[50] Personen, bei denen Experience Seeking ausgeprägt ist, versuchen neue Lebenserfahrung, etwa durch Reisen in bis dato unbekannte Kulturen oder auch durch Drogenmissbrauch zu gewinnen. Unter Disinhibition hingegen ist die Suche nach Stimulation durch soziale Begegnungen gemeint.[51] Sensation Seeker der Disinhibition- Dimension sind z.B. Menschen, deren Alltag aus zahlreichen Partys entsteht. Hierbei werden meistens neue Bekanntschaften geknüpft. Typisch für diese Dimension ist auch der damit einhergehende Alkohol- und Drogenkonsum.[52] Die letzte Dimension der Skala nennt sich Boredom Susceptibility und meint hierbei die Intoleranz gegenüber Langeweile.[53] Für Menschen dieser Dimension, also der Boredom Susceptibility ist es am schwersten Beispiele zu finden, da sie vielen und auch unterschiedlichen Aktivitäten nachgehen, um bloß keine Langeweile zu bekommen. Menschen mit hohen SSS-Werten sind also grundsätzlich Menschen, die auf äußere Reize und Stimuli fast schon angewiesen sind, da ansonsten, aufgrund ihren niedrigen Erregungsniveaus, kein Gefühl der Lebendigkeit und der Ausgeglichenheit vorhanden ist. Man bezeichnet Menschen mit hohen SSS- Werten auch als High- Sensation Seeker.[54] Es ist außerdem zu erwähnen, dass Männer höhere Werte auf der SSS haben als Frauen und zudem das Alter insofern eine Rolle spielt, da junge Männer wiederum höhere Werte als ältere Männer haben. Untersuchungen haben zudem ergeben, dass Menschen mit hohen SSS- Werten ein höheres Level an Sexualhormonen, ein geringeres Niveau an Monoaminooxidase sowie ein niedrigeres Level an Endorphinen haben.[55] Es ist in diesem Unterkapitel außerdem zu erwähnen, dass von Gniech et. all eine eigene SSS für den deutschsprachigen Raum entwickelt wurde mit lediglich 20 Items. Diese Skala besteht aus ähnlichen vier Dimensionen, auf die hier jedoch nicht näher eingegangen wird.[56]

---

[50] Vgl. Zuckerman (1971), S.45ff.
[51] Vgl. Zuckerman (1971), S.45ff.
[52] Vgl. Stangl (2012), „Sensation seeking"
[53] Vgl. Zuckerman (1971), S.45ff.
[54] Vgl. Roth, Hammelstein (2003), S. 8
[55] Vgl. Mauer (2015), Abs. C1.3
[56] Vgl. Burst (2003), S.1

Praktischer Nutzen

Der praktische Nutzen der Erkenntnis des Sensation Seeking sowie der damit einhergehenden SSS kann zunächst darin bestehen, dass Menschen, die keine „Sensation Seeker" sind trotzdem mit einem gewissen Verständnis auf solche reagieren. Durch die Erkenntnisse von Zuckerman ist nun ein psychologisches Grundverständnis geschaffen, warum sich Menschen, die z.B. auf schwindelerregenden Höhen ohne Sicherung klettern, solchen Risiken aussetzen. Es besteht also die Hoffnung, dass solche Menschen nicht mehr als verrückt degradiert werden, sondern die Aktivitäten und deren Notwendigkeit für „Betroffene" nachvollziehbar wird. Neben diesem Aspekt des Grundverständnisses der Allgemeinbevölkerung besteht zudem die Möglichkeit, dass Menschen mit hohen SSS-Werten, die sich in einer Psychotherapie befinden, diese Disposition beachtet wird. Das heißt nicht, dass aufgrund des Sensation Seeking Konzepts für Betroffene eine komplett neue Therapieform entwickelt werden soll, sondern lediglich, dass man diese Disposition in der jeweiligen Therapie berücksichtigen sollte.[57] Unabhängig davon besteht zudem im Bereich der Gesundheitspsychologie die Möglichkeit, spezielle Präventionsprogramme für Sensation Seeker zu gestalten, da Menschen mit hohen SSS- Werten sich durchaus öfter gesundheitsschädlichem Verhalten aussetzen als Menschen mit niedrigen SSS-Werten. Spezielle Präventionsprogramme können bei Sensation Seeker dazu führen, dass sie ihr Verhalten hinterfragen bestenfalls so modifizieren, dass trotz geringerem Risiko noch eine gewissere äußere Erregung spürbar ist. Genaue Präventionskonzepte für Menschen mit dieser Disposition gibt es leider noch nicht. Wahrscheinlich wäre es sinnvoll bei möglichen Konzepten nicht unbedingt den Risikofaktor in den Mittelpunkt zu stellen, da Sensation Seeker diese ja, wie oben beschrieben, gerne in Kauf nehmen.[58] Zusammengefasst kann die Erkenntnis von Zuckerman hinsichtlich des Sensation Seeking und der damit einhergehenden Skala also dazu dienen, dass ein Grundverständnis für Sensation Seeker in der Allgemeinbevölkerung entsteht, dass die SSS- Werte in einer Psychotherapie beachtet werden und dass man spezielle Präventionsprogramme konzipiert. Vor allem bei letzterem bedarf es allerdings noch Forschungsbedarf.

---

[57] Vgl. Zuckerman (1979), Abs. Preface
[58] Vgl. Klaes (2018), S.14

4. Literaturverzeichnis

- Rammsayer, T.; Weber, H. (2010). Differentielle Psychologie- Persönlichkeitstheorien. Göttingen: Hogrefe

- Costa, P.; McCrae, R. (1992). NEO- PIR professional manual. Odessa: Psychological Assessment Resources

- Laux, L. (2008). Persönlichkeitspsychologie- Grundriss der Psychologie Band 11. Stuttgart: Kohlhammer

- Becker, B. (2000). Subliminale und supraliminale Effekte der Darbietung emotionshaltiger Worte- Theorie und Forschung. Regensburg: Roderer Verlag

- Salewski, C.; Renner, B. (2009). Differentielle Psychologie und Persönlichkeitspsychologie. München: Ernst Reinhardt Verlag

- Schwenkenmezger, P.; Hodapp, V.; Spielberger, C. (1992). Das State- Trait- Ärgerausdrucksinventar (STAXI). Bern: Huber

- Wirtz, M. (2019). Dorsch- Lexikon der Psychologie. Göttingen: Hogrefe

- Becker, B. (2014). Grundlagen der differentiellen und Persönlichkeitspsychologie (Studienbrief). Riedlingen: SRH Fernhochschule

- Eysenck, H. (1975). Manual oft he Eysenck Personality Questionnaire. London: Hodder & Stoughton

- Güttler, P. (2003). Sozialpsychologie- Soziale Einstellungen, Vorurteile, Einstellungsänderungen. Oldenburg: De Gruyter

- Amelang, M; Bartussek, D. (2006). Differentielle Psychologie und Persönlichkeitsforschung. Stuttgart: Kohlhammer

- Maltby, J.; Day, L.; Macaskill, A. (2011). Differentielle Psychologie- Persönlichkeit und Intelligenz. Frankfurt: Pearson

- Geen, R. (1984). Preferred stimulation levels in introverts and extraverts: Effects on arousal and performance. Journal of personality and social psychology. 46(6), 1303–1312

- Eysenck, H. (1990). Biological dimensions of personality- Handbook of personality: Theory and research. New York: Guilford

- Burst, M. (2003). Sensation Seeking in der Medienpsychologie. Göttingen: Hogrefe

- Gleich, U.; Kreisel, E.; Thiele, L.; Vierling, M.; Walther, S. (1998). Sensation Seeking, Fernsehverhalten und Freizeitaktivitäten- Fernsehforschung in Deutschland. Baden Baden: Nomos Verlagsgesellschaft

- Roth, M.; Hammelstein, P. (2003). Sensation Seeking- Konzeption, Diagnostik und Anwendung. Göttingen: Hogrefe

- Zuckerman, M. (1971). Dimensions of sensation seeking. Journal of Consulting and Clinical Psychology, 36, 45–52.

- Mauer, R. (2015). Bereiche der Persönlichkeitspsychologie- Sensation Seeking, Selbstwirksamkeit und Ängstlichkeit. München: Grin Verlag

- Stangl, W. (2012). Online Lexikon für Psychologie und Pädagogik.

- Zuckerman, M. (1979). Sensation Seeking- Beyond the optimal level of arousal. Mahwah: Lawrence Erlbaum Associates

- Klaes, D. (2018). Sensation Seeking und der Nutzen für Prävention und Gesundheitsförderung.

- Jäger, K. (2014). Das Assessment Center. Chancen und Risiken der modernen Personalentwicklungsmethode. Hamburg: Igel Verlag

- Obermann, C. (2018). Assessment Center- Entwicklung, durchführung, Trends. Heidelberg: Springer

- Schuler, H. (2007). Assessment Center zur Potenzialanalyse. Göttingen: Hogrefe

- Gerring R., Zimbardo, P. (2008). Psychologie. München: Pearson Verlag

- Dormann, C., Krumm, S. (2011). Reportpsychologie. Berufsverband deutscher Psychologinnen und Psychologen

- Lück, H. (2016). Die psychologische Hintertreppe. Freiburg: Herder

- Simon, W. (2007). GABALs größter Methodenkoffer- Persönlichkeitsentwicklung. Offenbach am Main: Gabal Verlag

- Lorenz, T., Oppitz, S. (2004). 30 Minuten für PROFILierung durch Persönlichkeit. Offenbach am Main: Gabal Verlag